왼편에 대한 탐구

안혜경 시집

시인동네 시인선 212   안혜경 시집

왼편에 대한 탐구

시인동네

시인의 말

고통은 달갑지도 않지만 피할 수도 없다.

2023년 8월
안혜경

차례

시인의 말

제1부

왜가리 · 13

포인세티아 · 14

어제의 산책자 · 16

그러니까 튤립 · 17

저녁 한 조각 · 18

한낮인데도 · 20

편지 · 21

삼나무 사잇길 · 22

한파 · 24

한파 2 · 25

봄 혹은 빗방울 · 26

지하실 · 28

아무리 걸어도 저녁 · 29

내일이 오면 · 30

여기도 아니고 저기도 아닌 · 32

이유 있는 슬픔 · 34

그랬을까 · 35

어제 · 36

제2부

왼편에 대한 탐구 · 39

너만의 방식 · 40

저녁의 발자국 · 42

새벽 창문을 넘어 · 43

서쪽으로 흐르는 냇물은 · 44

내일은 다시 · 46

연두 · 47

저녁의 슬픔 · 48

매화 · 50

눈사람 · 51

옆집 사람 · 52

크로커스 · 54

11월 · 55

밤의 창문에 매달려 · 56

조춘(早春) · 58

빨래 · 59

기억들, 엉겅퀴의 · 60

메기와 하수관 사이에서 · 62

제3부

한식 · 65

진정되지 않는 · 66

천둥을 찾아 · 68

슬픔이 온다 · 70

비 갠 뒤 · 72

달맞이꽃 · 73

누구의 마음인가 · 74

먼지가 흩날리는 집 · 76

끝내 못다 한 이야기 · 78

바오바브나무에 걸린 모자는 두고 왔네 · 80

파타고니아의 바람일까 · 82

비린내와 달콤함 사이 · 83

단풍나무의 숨바꼭질 · 84

전화를 끊고 난 후 · 86

목요일에서 조금 떨어져 · 88

하나의 망초 · 90

감자꽃은 떨어지고 · 92

세상 끝이 뭐 어디 가겠습니까 · 94

밤의 인사 · 96

해설 존재의 근원을 찾아가는 시적 산책 · 97
   오민석(시인·문학평론가)

제1부

왜가리

 방문을 열었을 때 책상의 의자에 앉아 있는 것은 왜가리였다 왜가리는 나를 쳐다보지 않고 벽만 보고 있었다 분명 저녁에 수변 길을 산책할 때 마주친 왜가리였다 나는 전혀 아는 척하지 않았고 노란 눈동자에 어른거리던 물그림자도 눈물로 생각하지 않았다 그런데 지금 왜가리는 내 책상 앞에 앉아 있다 이제는 나를 빤히 노려보며 영리하게 보이는 눈을 반짝이고 있다 물풀의 가벼운 흔들림이 손등을 간지럽혔다 일없이 창문 너머 저녁 하늘만 바라보았다 나는 왜가리가 나갈 수 있도록 문간에서 비켜났다 날개를 펼쳐 들었을 때에는 온 방 안이 날개로 뒤덮인 양 나는 몸을 움츠렸다 왜가리는 책상을 부리로 톡톡 두 번 두드린 후 내 대답을 기다리는 듯 날개를 접고 가만히 나를 바라보았다 나는 오히려 문을 열고 밖으로 나왔다 땅거미 내려앉는 하늘에 바람 소리였나 뭔가 등을 두들겼다 나는 끝내 방문을 열지 않았다

포인세티아

들판의 가장자리만 빙빙 돌아다녔다
까치들은 떨어진 벼 이삭엔 관심조차 없었다
북풍은 매섭게 불었고
검정 개는 사납게 짖어댔다
어느 것 하나 신의 선물로 생각되지 않았다
포인세티아는 죽어버린 크리스마스트리에 지나지 않았다
발을 굴려도 까치는 날아가지 않았다
검정 개가 더욱 사납게 짖어댔다
배추밭에 버려진 배추 잎사귀들이 파랗게 얼굴을 쳐들었다
간절한 외로움이 나를 불러서 걸음을 멈추었다
내 이름을 부르지는 않았지만
분명 나를 부르는 훌륭한 시도였다
배춧잎도 분명히 신의 발치에서 부르짖는 외로움이 있을 것이다
 그 하소연을 들어주고 싶었다
 까치도 검정 개도 그 무어든 시도해볼 의향이 있다면
 죽을 때까지 시도해보는 것이다
 햇볕이 잠시라도 따스해지면

매화나무는 어김없이 눈을 뜰 것이다
왜가리가 목을 꺾고 웅크리고 있지만
나의 주장은 가냘픈 날개에만 닿을 것이다
비닐하우스 앞에 떨고 있는 포인세티아는
이제 신을 잊을 것이다

어제의 산책자

어제의 발걸음은 간명하여 경쾌하였다. 순전히 아카시아 향내 탓이었다. 흰 꽃들이 저녁 내내 비명을 질러댄 탓도 있었다. 얼굴을 마주 보며 한없이 끌어당기는 흰 비밀이 있었다. 창문을 넘어온 손가락은 길고 힘이 있었다. 손바닥에 얼굴을 묻으니 온통 검은 얼룩뿐이었다. 사용할 수 없는 왼손에게 인사조차 건네지 않았다. 어제의 발걸음을 정리하고 목록을 내밀었다. 맨발로 걷고 있었으니 약간의 흉터는 무시하기로 했다.

참고로 어제의 미소는 나의 것이 아니다.

그러니까 튤립

  병원 계단을 내려가니 슬픔이 발목을 붙잡았다. 병실에는 어떤 꽃을 가져가야 할까. 튤립이 저요, 저요 소리를 쳤지만 빗소리에 갇혀 들리지 않았다. 튤립은 병문안에 어울리지 않는 이력을 갖고 있었다. 빈손이 가장 아름다운 꽃이라고 우기기로 했다. 병원 계단엔 죽지 못해 사는 자들의 한숨이 깔려 있었다. 일찍 도착한 사람이나 도착하지 못한 사람이나 같은 표정에 기대고 있었다.

  병실은 슬픔도 약이 되는 유일한 장소,
  튤립 따윈 없어도 좋다.

저녁 한 조각

단조로운 걸음입니다 저녁의 발걸음은
방문을 열자 난데없는 평지가 완만합니다
하얀 달이 낮게 떠서 구덩이에 떨어집니다
새들의 혹은 나의 두려움의 근원입니다
언덕을 올라가면 반대편에 달빛이 기다리고 있습니다
둥지를 찾지 못한 새를 보는 것은 공포영화입니다
저녁의 물가에서 눈물을 흘립니다
그렇다고 서글픈 역사를 털어놓을 수가 있겠습니까
새의 깃털에서 저녁의 끝을 봅니다
가늠할 수 없는 어둠입니다
살그머니 깃털을 들어올립니다
붕어 한 마리가 있습니다 검정비닐도 있습니다
다른 쪽 깃털을 들어봅니다 아무것도 없습니다
주위를 둘러보고 저녁의 코트 주머니에 손을 넣어봅니다
아무것도 없습니다 죽은 붕어조차 없습니다
다른 쪽 주머니에 손을 넣어봅니다
미친 듯 바람이 몰아치고 있습니다
바람은 차갑습니다 몸까지 서늘해집니다

아무려나 혼돈 속에는 길이 없습니다
혼돈의 깊은 곳을 향해 헤엄쳐 갑니다
건너편 둑에 걸터앉아 물고기의 눈에 잠긴 저녁을 봅니다
음울한 기도는 통하지 않습니다

한낮인데도

한낮인데도 내내 어두웠어 지옥이었어 나는 어느새 지옥에 있었어 할 말을 잃었어 어디로 가야 할지 한낮인데도 나는 갈피를 잃었어 토담이 와르르 무너져 내렸지 그리곤 장대비가 쏟아졌어 바람은 미친 듯 불어대고 나는 몸을 가눌 수가 없었어 발걸음을 어디로 옮겨야 할까 바람은 산을 뒤집고 장대비는 숲을 무너뜨렸어 이제 숲에서는 아무것도 보이지 않았어 나는 그냥 장대비 꽁무니를 따라갔어 그래도 숨은 쉬고 있었으니까 장대비를 따라가면 무지개를 만날 수 있을까 그게 나의 꿈일까 나의 꿈은 지옥일까 그래도 나는 아직 숨 쉬고 있으니까 어디로든 갈 수 있으니까 한낮인데도

편지

 그러나 어제는 들판에 갔다 이리저리 풀숲을 헤치며 걸었다 마침 까치 한 마리 날아가지 않고 내 앞에서 종종거렸다 반짝이는 날개에 손을 얹고 싶었다 혹시 내 손이 편지가 될 수 있으려나 꽃창포 줄기에 벌써 여름의 퍼덕거림이 있었다 무엇을 찾는지도 모르면서 나는 이리저리 진흙밭을 파헤쳤다 봄이 내게 남기고 간 편지라도 찾으려고 그때 자작나무 여린 잎들이 몰려왔다 흰빛들이 물결을 이루며 내 머리 위에 철썩였다 끝없이 일렁이는 나뭇잎들 속으로 손을 뻗었다 다 쓰지 못한 편지가 손바닥에 잡혔다

삼나무 사잇길

 삼나무 잎을 먹어본다 어디로 가는 길일까 열리지도 않은 열매를 찾아 서늘한 새벽을 터덜터덜 돌아다닌다 잎은 벌써 무성한데 오히려 갈퀴나물이 발에 휘감긴다 언제나 그렇듯이 길은 좀처럼 찾을 수가 없다 길바닥에 온통 널려 있는 갈퀴의 보라와 함께 아무도 봐주지 않는 삼나무 껍질을 만지며 거인과 얘기를 나누는 즐거움에 만족한다 거인이 불러일으키는 기억에는 햇볕에 빨갛게 탄 어깨에 둘러멘 가방이 걸어가고 있다 가방 속에 담겨 있던 슬픔과 분노는 바람에 씻겨나가고 창틀이 찌그러진 시골집 몇 채를 지나 담이 허물어지는 집에 이르면 길은 끊어지고 무너져 바닷속으로 휩쓸려 들어가고 있다 너무 작은 마을이어서 버스 정거장을 놓친 것일까 다시 되돌아가 포장도로를 걸어도 삼나무 숲에서 또 길은 끊어지고 갈퀴나물 덤불 뒤편에는 아득한 절벽이다 새벽의 서늘한 바람도 바닷속으로 휩쓸리고 있다 사방은 고요하다 햇빛은 담담하게 삼나무 잎을 흔들어 잠을 깨우고 있다 문득 삼나무의 합창 소리를 듣는다 나는 가만히 있을 수가 없다 리듬에 맞춰 나무와 함께 흥겹게 춤을 춘다 합창 소리는 온몸을 휘감고 돌아 삼나무 우듬지에 단숨에 도달한다 나는 끝없이 춤을 춘다 온몸을 휘감는 소리에 빙글빙글 원을 돌며 바다 밑의 고대왕국을 내려다본다 그리고 또 몇 킬로미터를 걷는다

한파

 저녁 햇빛이 비스듬히 나무를 안았다 나무도 그날의 수고로움을 발밑에 내려놓았다 찬바람 쌩쌩 골목을 휘도는데 꽁꽁 싸매고 산책을 나갔다 마른 풀들도 추위에 발을 모으고 도로에는 흙먼지가 풀풀 날렸다 오리 떼조차 수초 사이에 숨었는지 풀들이 바스락거렸다 검정 비닐봉지만이 머리를 쳐든 뱀처럼 바람에 흔들렸다 풀숲에 뻣뻣하게 누운 고양이를 끝내 묻어주지 못했다 발걸음은 후들거렸다 왼쪽 길인지 오른쪽 길인지 돌다리를 건너야 하는지 돌아서야 하는지 갈피를 잡지 못했다 그 순간 얼음기둥이 되었다 칼바람이 나를 북극으로 데려갔다

한파 2

 어제는 하루 종일 창문에 매달렸다

 나무의 유령이 숲속을 서성이고 모르는 얼굴들이 날아다녔다 코스모스의 얼굴이 있었고 날개 없는 새의 얼굴이 있었고 민들레의 얼굴이 있었다 하루 종일 창문에 매달렸다 나무의 유령이 나무를 먹어치웠다 희망이 날아갔다 날아가는 희망을 붙잡을 수는 없었다 어둠 속의 나방이 눈발처럼 흩날렸다 유령이었다

 오늘도 하루 종일 창문을 두드렸다

 문을 열 수 없어서 문은 늘 잠겨 있어서 열쇠 없는 방에 갇혀 있어서 희망 없는 방에 갇혀 있어서 모두 나풀나풀 날아가고 있어서 의자를 내던질 수 없어서 의자로 유리창을 깨뜨릴 수 없어서 풀숲을 달려가는 발을 붙잡을 수 없어서 유리창을 두들거대는 손을 어찌할 수 없어서

봄 혹은 빗방울

나뭇가지를 흔드는 작은 손이 있다
이렇게 가벼운 손을 가진 것은
봄 혹은 빗방울
그렇지만 웅덩이에 떨어지는 물소리는 첨벙첨벙
십 년째 혼자 걷고 있는데 십 년 후에도 혼자 걷고 있다
아무것도 아닌 날에 아무것도 하지 않고
오리 발자국에 어른거리는 눈물 자국을 따라 걷는다
집이 좁아서 울지를 못하고
눈물을 흘리려면 사다리를 타고 지붕에 올라가야 한다
목청껏 울기 위해서는 울산바위에라도 가야 한다
나뭇잎 너머로 보이는 하늘은 제 사랑을 잃고 있다
지나가는 계절은 그냥 지나가고
마른풀들은 몸을 흔드는데 꿈꾸는 기분인가
낮잠을 자고 일어나는
말채나무의 온기에 손을 녹인다
한바탕 비가 쏟아지면
오리도 나뭇잎도 알맞게 몸을 숨긴다
그리고 울기 좋은 때

함께 우는 것은
봄 혹은 빗방울

지하실

누군가 오래전 만들어 놓은 지하실이었다
문은 생각보다 쉽게 열렸고
흙냄새와 곰팡내가 섞여 있었다
잊어버렸던 고통을 다시 들춰내는 냄새였다
누군가의 비리를 알게 되었을 때의 그 비릿함이었다
밀폐된 물건들이 그걸 입증해 주었다
별똥별 하나를 집어들었다
위험하게 반짝이는 초록빛이었다
차갑게 빛나는 별이었다
다음 생을 이야기하는 별이었다
나는 지하의 세계가 위험하다고 생각했고
우리 모두 언젠가 사라진다는 생각에
몰두하였다, 그럼에도
누군가의 비리는 계속되었고
지하실은 더 깊이 가라앉았다
나는 별을 잃지 않으려고 온 마음을 쏟으면서
계단을 내려가는 발에 힘을 주었다

아무리 걸어도 저녁

 저녁 언저리에 산책을 나갔다 냇물은 꽝꽝 얼어서 오리 가족은 보이지 않았다 새끼 오리는 늘 추위에 떨어 장화도 신기고 털옷도 입히고 싶었는데 엷게 물든 구름 그림자만 얼음을 두들겼다 지난봄 화들짝 피었던 갯버들이 귓가에서 아우성치는데 돌아보니 모두 가지가 잘려 묶어 있었다 햇볕 넘치는 물가에서 늘 웃음을 터뜨리고 있었는데 누군가 햇볕을 퍼담아 뒷담으로 넘겼을까 물속에 쳐진 커튼을 걷어버리고 싶었다 오리 가족의 소식도 물어보고 소금쟁이 피라미도 궁금하였다 다 함께 땅에 발붙이고 사는데 갯버들의 손도 잡아주고 소금쟁이 발에 걸린 검불도 집어내고 잉어의 허리도 시원하게 긁어주고 싶었다 저녁 언저리에 산책을 나갔다 붉은빛에 물든 구름 그림자를 따라 손도 얼굴도 신발도 엷게 물들었다 양지바른 곳을 아무리 걸어도 어디에도 도달하지 않았다

내일이 오면

내일 필 매화에게
말을 건네는 것은 쉽지 않다
매화의 내부에 들어갈 수도 없고
길을 찾을 수도 없다
쓸모없는 감정은 잘라버리고
까마귀가 외투를 훔쳐 가는데도
소리칠 수가 없다
모두가 훔쳐 가고 있다
겨울은 봄을 염소는 기타를
바람은 사랑을 훔쳐 가고 있다
오리는 물속에도 먹을 게 없다고 아우성이다
매화의 내부에 들어갈 수 있을까
내게 필요한 것은 뭘까, 뭘까
오리 떼를 따라 물속을 첨벙거려 본다
길이 보이지 않는다
매화에게 다다르는 길
매화의 내부가 정말 그리워
가끔 물속에 머리를 처박고 소리를 지른다

페루의 공기가 필요하다고
마추픽추의 공기가 필요하다고
내일이 오면 어떻게 될까
매화의 충고를 들을 수 있을까

여기도 아니고 저기도 아닌

어제 저녁에도 산책을 나갔다

천변의 물풀은 제멋대로 자라 흔들거렸다

왜가리와 마지막 인사를 나누었다

여기도 아니고 저기도 아닌, 물이 닿은 곳까지 왜가리는 멀리 날아갔다

낮게 내려앉은 먹구름에 살짝 흠집을 내었다

그 틈에 바람이 불어와 내 머리칼을 스스럼없이 마구 흔들고 갔다

토란잎이 펄럭이며 공중으로 날아올랐다

검은 빗방울이 흩뿌리기 시작했다

여기도 아니고 저기도 아닌, 나의 유토피아는

길바닥에 처참히 뭉개진 고양이 가죽 아래에 깔려 있다

이유 있는 슬픔

어제는 슬픔이 팔을 잡아끌었다
늘 꿈 언저리를 맴돌던 네가
손목을 움켜쥐었다

떠나는 사람은 잡을 수 없고
오는 사람도 잡을 수 없다

손톱을 물어뜯으며
의자에 몸을 묶어두었다
잉꼬가 계속 소리를 질러댔다

누군가 달려들어 발길질을 하였다
떠나가라는 얘기였을까
나는 아직 제자리걸음이었다

슬픈 데는 다 이유가 있다
이유 없이 슬플 수는 없다

그랬을까

어제는 잠을 이룰 수 없었을까
숲은 잠잠해지지 않았을까
악착스럽게 유리창을 흔들었을까
유리창을 깨고 문 밖으로 뛰쳐나가야 했을까
이팝나무를 끌어안아야 했을까
흩날리는 이팝나무 꽃잎을 주워
가볍게 엽서를 부쳤을까
먼바다의 소식이었을까
너를 건너뛰어야 했을까
의자에 차분하게 앉으라는 신호였을까
깨알 같은 글씨를 읽었을까
책갈피에 넣어둔 엽서에서
이팝꽃이 피었을까

어제

그러므로 어제는 또 다른 사상

그러므로 어제는 또 다른 철학

성찰 따위는 존재하지 않는

그러므로 어제는 내가 버린 자아

다시는 잡고 싶지 않은,

제2부

왼편에 대한 탐구

왼편에 있던 슬픔을 오른편으로 옮겨놓았다
모든 게 더 슬퍼 보였다
얼굴빛은 밝은 회색인데 눈빛은 파르스름하고
목소리도 들리지 않는데 입김을 뿜어낸다
오른편 책장 뒤에 장난감 병정들은 일렬로 걸어가지 않고
총을 어깨에 멘 채 일제히 슬픈 표정이다
책장 뒤의 공터에서 병정들은 제자리걸음을 한다
네 번째 선반에서 슬픔은 몸을 돌려 언덕길을 올라간다
슬픔의 뒷모습에 나는 안도의 한숨을 내쉰다
속삭임은 치즈케이크 모양으로 선반에 앉아 있고
그 아래 선반에는 어둠의 가방이 있다
물거품으로 변하는 날들이 칭얼대긴 하지만
현관문에서 늘 음악 소리가 들려왔다
음악 소리는 슬픔과 어둠의 전쟁이었을까
가방을 흘깃 열어보니 비둘기의 날갯죽지
가방 옆 주머니를 열어보니 왜가리 한 마리
다시 오른편의 슬픔을 왼편으로 옮겨놓았다

너만의 방식

꽃잎은 흩날리며 말하지
내가 떨어지면 날 찾아줘 네가 떨어지면 내가 붙잡아줄게
이건 지극히 개인적인 일
주위에 아무도 없다 할지라도 천변에 있잖아
우리뿐이야 누가 봐도 강하게 끌리고 있어
날아다니는 새조차도 알 수 없게
너와 함께 언제까지든 걸어가겠어
너를 집으로 부를 수 있다면
꽃잎 하나하나는 토템의 조각
어디론가 끝없이 나아가는 것일 뿐
꽃잎은 머리 위에 끝없이 몰아치고 있어
꽃잎 속의 삶은 기이한 여정이지
가끔은 아무것도 느낄 수 없고 감각은 마비되지
변덕스러운 날씨는 정말 도움이 필요해
너는 햇살을 받을 자격이 있어 하고 주문을 외우지
네가 없는 꿈은 꾸고 싶지 않아
기다리지 않는다면 달려가고 싶지 않아
기다려줘 언제까지고 가지 말아

문 밖에서 기다릴게
깊고 어두운 곳에 너와 함께 있을 거야
자동차 경적 소리가 들려
갑자기 지뢰밭에 앉아 있는 기분
조용한 순간이 시장 바닥에 있는 기분이야
넌 어디를 가던 길이었니
가까이 더 가까이 꽃잎에겐 이야기가 있지
우리는 같이 요리를 하고 텔레비전을 봤지
누가 뭐라 하든 옳은 일을 하면 되는 거야
비행기를 타고 처음 도착하는 도시에서 두리번거린다면
옳은 결정이 뭔지 알 수 있을까
너한테 어울리는 길을 찾게 될 거야 너만의 방식대로
아주 먼 곳에서 지켜보고 있을 거야

저녁의 발자국

저녁의 발자국 소리를 들으면 지도에도 없는 마을을 향해 달려가곤 하지. 구름은 한 조각도 보이지 않아. 우뚝우뚝 암초들이 수평선에서 솟아나곤 하지. 그러면 거짓말처럼 거꾸로 바다에서 별들이 솟아나곤 하지. 바다는 중심지이면서 동시에 고립된 곳이야. 마을도 마찬가지야. 집도 역시 중심지이면서 동시에 고립된 곳이야. 우리도 마찬가지야. 우리는 모두 골칫덩이야. 사방으로 뿔뿔이 흩어져서 각자의 명확한 국경을 금 그어놓고 만족하며 살지. 그렇게 저녁의 난간에 걸터앉아 빗방울을 맞으면 이비자 섬에 툭 떨어지곤 해. 내가 앉아 있는 의자가 찬란하게 빛나기도 해. 서글서글한 눈매의 선장이 파이프를 물고 배 위에서 나를 지켜봐. 나는 온힘을 다해 파도와 싸우지. 기나긴 회랑의 복도에서 흔들의자에 앉아 마치 그곳이 왕국의 중심부인 양 앞뒤로 몸을 흔들어. 즐거운 웃음소리가 날아올라. 지나간 일에 만족하며 내일의 영토를 향해 발을 뻗어. 그런데 이비자 섬이 어디지?

새벽 창문을 넘어

문을 여닫는 소리 보일러 돌아가는 소리에 잠이 깨었다

블라인드 사이의 희미한 빛을 바라보며 달빛이라도 흘러넘치기를 기다렸다

새벽의 창문을 가만히 열고 어둠을 접었다

조간신문이 오기 전 일어나 어둠에 한껏 가까워진 손목을 확인했다

피가 졸졸졸 흘러가는 소리에 불현듯 새를 생각했다

서쪽으로 흐르는 냇물은

 입하가 지났는데 산길을 간다 갈 길은 아직 멀다 발밑에 밟히는 열매는 작년이 보내는 소식 가시투성이 가지에서 떨어지는 문자는 아직 읽지도 못하고 시냇물은 서쪽으로 흐르고 있다 냇물을 따라가면 서방정토에 이르게 될까 하늘은 검고 땅은 희다 검은 하늘을 걸으면 냇물도 거꾸로 흐른다 마가목 울타리를 넘어 맹그로브 숲을 지나가면 서방에 도달할까 작년 소식을 전해주는 열매를 입안에 넣고 우물거린다 몇 개를 더 먹어본다 어디로 돌아갈까 기억에도 없는 나무를 찾아 터덜터덜 돌아다녀 볼까 마가목 잎은 벌써 마구 자라나 길을 헤쳐나갈 수 없다 길이 좀처럼 보이지 않는다 땅에는 온통 나무껍질 온갖 풀들로 뒤덮혀 있다 나는 길을 잃은 두려움에 뼛속까지 쭈글쭈글 오그라든다 입하가 지났는데 서쪽으로 흐르는 냇물을 만난 것으로 만족하며 달려가 목을 축여야 할까 검은 하늘이 발밑을 짓누르고 있으니 길을 찾을 수 없다 주렁주렁 매달린 열매는 지난해의 환영이다 지난해가 보내는 비밀편지이다 주렁주렁 매달린 암호를 읽을 수가 없다 종종 내가 기억하는 다른 도시의 하늘에 도착하게 된다 그리곤 혼동하여 낯선 술집을 찾아들곤 한다 다른 도시의 뜨거운 언덕 위에서 작

년이 보내온 소식을 우물거린다 서쪽으로 흐르는 냇물은 서방으로 흘러갈까 산문에서 숨이 턱에 닿는다

내일은 다시

하루하루 고통을 모았더니 커다란 실뭉치가 되었다

한 올 한 올 엮었더니 깃발이 되었다

밤하늘에 매달았더니 밤새도록 펄럭거렸다

새벽이 되자 별들과 함께 서쪽으로 날아갔다

내가 오히려 아쉬워 발을 동동 굴렀다

다시 주섬주섬 잎들을 긁어모았다

연두

너의 눈 속에 세상이 열리고 있어

이 모든 게 어떤 의미인지
손에 잡히지 않는 해답에도 불구하고
세상이 미쳐버린 덕분에
오히려 네게 어울리는 길을 찾게 될 거야

너의 기억을 사진으로 찍으면
피안의 해변에서
늘 파도치고 있겠지

저녁의 슬픔

저녁의 슬픔을 잘라내어 다듬었지
그리곤 집을 지었네
집 속의 집에 갇힌 나는 하루하루 시들어 갔네
천변을 따라 어둠에 이르면 느티나무가 기다리고 있었지
나무의 비탈진 길 아래에는 바람이 쌓이고 쌓여
발걸음은 어디에서인지 허둥거리며
흙먼지 사이에서 움트는 나무의 생각을 북돋아주네
칡넝쿨은 그림자를 만들어 나무를 뒤덮고
몰려오는 바람을 햇빛과 함께 감싸 안으며
늙은 배나무의 숨결을 흔들어대네
어둠이 한 차례 어깨를 흔들고
저녁을 위해 준비해 놓은 하얀 식탁보가 흔들리네
누구를 위해 차려놓은 식탁인가
하얀 냅킨이 어둠에 팔랑 날아오르네
칡넝쿨 위로 날아가
흙먼지 사이에서 나무와 왁자하게 떠들어대네
분명 늙은 배나무의 수다

천변을 따라 어둠에 이르러
저녁의 슬픔을 잘라내어 벽돌로 다듬었네
그리곤 집을 지었네

매화

너와 함께라면 어디든 따라가겠어
알 수 없는 비가 내리는 세상이라 할지라도
세상의 핏줄이라도 열어젖히고 싶어
그냥 길을 걷기만 해도
바람이 세차게 몰려와
허공에 내던져지고 싶어
그건 바람에 대한 영광이자 사랑이지
바람의 이야기가 몸에 와 닿으면
그건 그대로 샘물처럼 솟아나는 분수가 되지
아니 폭풍우가 되지
한 번도 이야기한 적 없는 이야기
늘 그리워하는 이야기
바람의 밖을 내다보면
늘 기다리고 있는 네가 있는데
괜찮다고 말하는 네가 있는데
순식간에 천국에서 지옥으로 넘어가는
네가 있는데

눈사람

눈이 내린다

아우성치는 소리에 눈이 어지럽다 창문을 여니 네가 떠나던 날과 마찬가지로 아우성은 차갑게 차갑게 발등을 누른다 어깨는 먹구름이라도 뭉쳐 있는 양 팔다리도 움직일 수 없다 얼굴은 어디로 갔을까 입술은 어느 방에 숨어 있기라도 한 걸까 네가 떠난 곳은 어때? 거기도 눈이 내리는 거야 네 소식 듣자 하고 몰려오는 눈송이에 손을 휘저으니 너의 외투가 날아다닌다 손목은 거칠고 떠다니는 안경도 손에 잡힌다 네가 떠난 곳은 어때? 눈 속에 문득 네가 서 있을까 하고 눈사람을 만들고 하늘 높이 번쩍 손을 든다 눈은 네가 떠난 곳에서 보내는 밀서 은밀하게 내게만 보내는 거야

옆집 사람

어둠 속의 어둠을 찾아 치자꽃 화분에 심으면
나날이 무럭무럭 자라나지
이따금 귀를 기울이곤 해
창가에 놓인 긴 의자에 몸을 내뻗은 채
불빛 사이로 치자꽃과 어둠이 실내화를 질질 끌면서 돌아다니는 소리를 듣곤 하지
공기는 정말 얇아서 꽃이 숨 쉬는 소리를 들을 수 있어
나는 종종 어둠의 걸음걸이와 얼굴을 생각하곤 하지
분명 어느 날엔가 아파트 계단에서 마주쳤을 텐데
한 번도 본 적 없는 것처럼
아마도 옆집 사람이라고 생각하고 가볍게 인사를 했을 수도 있어
시장바구니를 무겁게 들고 살짝 몸을 비키면서 말이야
긴 의자에 몸을 내뻗은 채
의자가 방보다 훨씬 넓다고 생각을 하고
밤 속의 밤을 달리곤 하지
내 손에 닿지는 않지만 같이 달리는 신발 소리를 들어보면
아파트 계단을 성큼 올라가

그의 방문을 쾅 닫아버리곤 하지
자신의 슬픔을 탓하기라도 하듯
나는 귀를 기울인 채 내 마음대로 창문을 열고
선반 위의 주전자도 내려놓고 세면대의 수도꼭지도 틀고
침대에도 의자에도 앉아보곤 하지
내 마음대로
내 옆에서 밤을 달리는 그의 모습을 상상하곤 하지

크로커스

 아침마다 베리 치즈 파이를 먹고 꽃처럼 피어났지 냉장고에서 절망을 꺼내 먹어도 바닥은 넘어지지 않았지 바닥은 더 푸른색으로 빛나고 있었지 절망의 옆모습을 슬쩍 봤더니 희망의 옆모습과 다를 바 없더군 현관에 나란히 들어서는데 둘의 얼굴을 구분할 수 없었지 멀쩡한 머리를 쑥 빼놓고 혼자 중얼거렸지 불운은 함께하는 가족이지 사람들이 잊어버린 이름 멀리 내다 버린 이름 결국 넌 희망이 되었고 넌 절망이 되었어 무슨 말을 할 수 있을까

 우린 모두 하루하루 죽어가고 있지 그래서일까 절망은 스스로 이곳까지 왔네 넌 희망이 되어 잘 살아갈 테지 글쎄 언제일까 중요한 일이 생길 테지 너도 혼자 있어 봐 늙어가는 건 정말 힘든 일이야 눈물방울로 부서지는 일이야 늙은 자는 더러운 의자에서 넘어지면서도 바다는 늘 푸르다고 생각하지 바다에 얼굴이 짓이겨지면서도 꽃을 생각하지 꽃은 짓이겨져도 다시 자라나는 습성을 갖고 있으니까

11월

  마른 풀들에서 북극해의 향기가 묻어난다 풀잎들의 수만큼 몸부림치는 소리 들린다 잎새에 뒹굴던 여치의 꿈이 기진맥진, 아무것도 기다리지 않는다는 듯 바람이 불 때마다 단풍잎은 바스락바스락 우는 소리를 낸다 가을걷이 끝난 들판에 널브러져 있는 그리움 까치에게는 단지 나락일까 천변의 물은 흘러가면서 어둠을 와락 잡아당기고 저녁은 길을 잃은 듯 나무 그늘에 빠져 허둥댄다 마음은 점점 마을에서 멀어진다 달빛이 환한 밤은 아니다 희미한 빛을 받은 풀들은 모두 짐승처럼 발톱을 치켜든다 달빛을 쫓아가는 새의 무리가 있다 달빛에 잠긴 집들은 공허함에 무릎을 꿇었는데 담장을 넘어가는 바람이 공허함을 흔들어 집을 깨운다 오히려 창문에 숨어 있던 비밀들을 하나하나 등불로 떠오르게 한다

밤의 창문에 매달려

어스름이 방문을 두들기는 소리에 비명을 질렀다
산새들도 날아가고 나뭇가지의 거미줄도 보이지 않았다
천변을 마구 돌아다녔다
운동화를 끌고 다니는 걸음걸이며 손을 생각하며
어둠의 끝까지 걸어가서
밤의 창문에 매달려 아니 침대에 의자에 손을 휘저으며
앉아보는 거야 내 방보다 넓은 그 방의 한가운데서
누군가 방문한 적도 없는, 그래서
옷걸이가 대신 잔소리를 들어주고 불평도 늘어놓지 않는 선반이
이 모든 기침 소리를 감추고 있는 거지
어쩌면 밤은 하루가 끝나갈 무렵
식탁보를 깔고 전등과 촛불을 함께 켜놓은 채
밥그릇과 국그릇을 정돈해 놓고 저녁을 먹는지는 확실하지 않고
동시에 어디론가 산책을 나가 버리는 수저는 내팽개쳐 버리고
마음속에 들끓는 혼란 때문에

냄비에서 끓고 있는 배춧국에서조차
우스꽝스런 슬픔을 읽어낸다면
어쩌면 탁자 위에 놓인 흑백 사진에 전등불을 비춰보고
서랍 속에 넣었다가 다시 꺼내어 들여다보는지도
아니면 이 모든 것을 한꺼번에 냄비 속에 집어넣고 부글부글 끓이고 있는지도
밤의 창문에 매달려
밤의 내장이 익는 소리는 들은 적도 없이 그 냄새를 맡은 적은 더더욱 없다는 듯이

조춘(早春)

  바람이 조바심을 내어 산책을 나갔다 돌멩이조차 바람에 몸을 들썩이며 언덕을 내려갔다 마른 풀들은 입을 꼭 다물고 아무 말도 하지 않았다 운동화 끝으로 풀숲을 헤집어도 비밀이라도 감추려는 듯 돌아앉았다 줄기가 얽혀 바스락대는 소리가 바람을 받아쳤다 자동차가 부연 먼지를 일으키고 다시 자동차가 달려와 먼지로 온몸을 감쌌다 가지 끝이 푸르스름하게 변한 산수유가 보기 좋게 손목을 그은 옆집 여자에게 팔을 휘둘렀다 비닐하우스에 묶여 있는 개는 억척스럽게 짖어댔다 아무도 독거노인의 안부를 묻지 않고, 옆집 여자의 생사엔 관심조차 없었다 나의 산책은 계속되었다

빨래

  어제는 서랍장 이불장을 열어젖히고 묵은 빨래를 하였다 파란 하늘에 흰 구름이 흘러가고 벌레는 때맞추어 창문을 기어다녔다 빨래와 함께 시간을 널어놓고 나는 초록빛을 꼭 쥐고 숲속을 걸어갔다 높은 가지에 위태롭게 앉아 새는 희망을 쪼고 있었다 바람과 다투고 있는 새를 나는 조용히 응원했다 그리고 오래된 은행나무의 쪽문을 열었다 흰 빨래가 바람에 펄럭거렸다

기억들, 엉겅퀴의

그늘은 제자리를 찾지 못해요
의자에 혹은 햇빛을 피해 나뭇잎 뒤에 숨어 있거나
뼈다귀로 변신하여 말라가거나
어느 곳에도 도달하지 못해요
도착하기를 기다리다가 바람에 휩쓸리고
덤불 속에서 가시에 긁힌 상처는 또 무엇을 기다릴까요
바람이 출렁거립니다
공양을 올릴 아무것도 없는데
심장이라도 꺼내야 하나요
팔다리는 이미 잘려나가 달빛이 되었고
건너편 언덕에 앉아 있는 어둠은 그늘을 병풍으로 걸어놓았어요
바람이 세차게 출렁거립니다
그늘의 심장을 마구 휘저으니
파란 날개를 퍼덕이며 새가 날아오릅니다

접시 위에 엉겅퀴의 심장이 놓여 있어요
포크로 누르고 나이프로 천천히 잘랐어요

슬픔이 푸르게 흐르고
분노는 덩어리로 굳어 있어요
마음은 한없이 구겨져 있고
의자에 앉아 있기도 힘이 듭니다
포크가 제대로 심장을 찔렀을까요
아무도 알 수 없는

메기와 하수관 사이에서

 어제 저녁은 달도 별도 없었다 봄바람은 머리를 살랑살랑 흔들고 수양버들은 가까이 내려와 얼굴을 어루만졌다 나는 선뜻 봄의 손을 잡고 힘을 주었다 놓치지 않으려고 옷자락까지 세게 붙잡았다 징검다리를 건널 때 메기가 펄쩍 뛰어올랐다가 검은 물속으로 사라졌다 메기 꼬리를 잡고 따라가야 했을까 천변 언덕에 하수관이 커다란 입을 벌리고 있다 새어 나오는 빛도 컴컴하다 물속의 메기가 부르는 소리와 지옥으로 가는 길 사이에서 나는 망설였다 하늘에 별도 보이지 않았다 나는 망설였다 물속의 메기가 첨벙거렸다 재촉하는 듯이 돌멩이를 집어 하수관에 던졌다 떨어지는 소리는 까마득하였다 멀리 불빛이 보였다 봄은 수양버들 사이에서 손을 세차게 흔들었다 어디로 가라는 손짓이었을까 버드나무를 잡고 봄과 떨어지지 않으려고 안간힘을 써야 했을까 나는 무얼 망설이고 있는 것일까 세상은 어디론가 흘러가는데 집은 어디에 있는 것일까

제3부

한식

유리 벽장 속의 엄마를 꽉 끌어안았어
손가락 사이로 미소가 흘러내리고
마른 뼈 삭정이도 삐져나왔어
엄마는 벽장 속에 닻을 내리고
모든 게 다 빠져나갔다고 말했어

세상에 없는 얼굴로
벚꽃이 창을 두들기는데

어두운 발걸음을 내딛는 사람은
다만 끝없는 하늘을 바라보기만 하네
엄마는 어디론가 흘러가고
나는 어디로 가는 줄 모르는 얼굴로
다만 하늘을 바라보네

진정되지 않는

어제는 어둠을 향해 걸어갔다
밤이 수레국화와 함께 기다리고 있었다

검은 허공을 넘어 물수제비를 뜨며
풀숲이 깨어나 바람에 우수수 대답하기를 바랐다

바람은 흔적을 남기기 않고 풀숲을 흔들었다
그림자 없는 밤에 손전등으로 잠든 이름을 일깨웠다

때 이른 청매실이 툭툭 이마를 건드렸다
언제까지 사랑 타령을 할 것인가

개 짖는 소리에 다리가 후들거렸다
철렁대는 쇠사슬은 가라앉는 어둠을 흔들었다

죽은 자의 목소리는 들리지 않고
바람의 목소리는 알아들을 수 없었다

담벼락에 엉켜 있는 나뭇잎들은 수군거리며
안녕이라고 양손을 흔들었다

천둥을 찾아

햇볕 따사로운 의자에 앉아 가을을 움켜잡았지
그건 엄마의 흰 옷자락
까마귀가 가져가 버린
아니면 누군가 잘게 찢어 바람에 날려버린 이야기
혹은 공중에 그대로 말라붙어 버린 눈물 눈물들
옷자락의 한 페이지를 넘겨보았지

어제는 한밤 내내 바람이 몰아쳤어
흔들어대는 창문 사이로 바다의 소리를 들었지
가끔은 바람이 허공에 길을 내기도 하고
길 잃은 영혼이 배회할 수 있도록 울타리를 걷어버리기도 했지
때로는 풀들의 숨소리를 듣곤 했어

풀들의 심장이 뛰는 소리를 듣고 있으면
운동화 밑바닥에서 부식되던 희망이 떨리곤 했지
그러면 저녁이 밀려왔어
그 속에서는 밤의 향내가 났지

난 언제나 그대로 밤 속으로 들어갔어
그리곤 내달렸지

달빛이 춤추는 듬성듬성 서 있는 참나무 숲을 지나면
쏟아지는 바람은 머리부터 발끝까지 뒤흔들고는
발목에 걸린 밧줄을 걷어버리곤 했지
그러면 천둥이 보일까
밤을 내달리곤 했지

슬픔이 온다

겨우 얼굴을 내밀던 새싹들이
모두 숨어버렸다
갑자기 몰아친 차가운 바람에 나무들도
정신이 나간 듯 윙윙거린다
누구의 생각일까
확고한 봄의 생각 때문에
미친 듯 불어대는 바람 때문에
어떤 태도도 취하지 못하고
작은 가지에 올망졸망 매달린 매화 앞에서
아름다움을 빼앗긴 채
아무런 말도 하지 못하고
손을 놓고
넋을 놓은 채
구두코만 멀거니 내려다보면서
날마다 쉬지 않고 몰아치는 북풍 앞에서
할 수 있는 일은
어떤 감탄의 몸짓이 아니라
마음속에 얽혀 있는 매듭을 끌어내어

한 그루 매화나무 아래
펼쳐 놓아야 하는 것이다

비 갠 뒤

비 갠 뒤에도 아무도 오지 않았다
사립문 밖으로 자꾸 눈길이 가니
붓꽃이 살짝 고개를 숙였다
냇물이 깊어지는 소리에
심장은 뒤척거리다 못해 뛰쳐나와
마당 한 가득 넘실거리고
빗물로 쓸려 내려간들 누가 놀랄 것인가
작은 새가 작은 날개를 팔랑거렸다
손을 비벼대면서도 이름은 말하지 않았다
비 갠 뒤에도
기척에 매달리는 여전한 나를 보며
붓꽃이 혀를 찼다
오월이었다

달맞이꽃
― 채운암

속가의 밧줄을 끊지 못해
밤새 출렁이며 휩쓸렸다가
살점 한 덩이 물 위에 내려놓는다

달빛에 끌려가는 다정함일까
꽃 한 송이 겹겹이 일어나
답할 수 없는 어둠의 입에 던져 버린다

구름의 숲을 가로질러 온 욕망
도시를 향해 눈빛을 번득이고 있을까
피지 않는 꽃송이만 보고 있을까

노란 꽃잎이 산자락에 흩날린다
스님은 밤새도록
도끼를 허공에 내리친다

누구의 마음인가

산책길 끝에 밤이 있었다
나를 기다리고 있었다라고 해야 옳다
징검다리를 건너듯 밤의 영토로 뛰어들 수는 없었다
어제는 시냇가에 앉아서 밤을 기다리고 있었는데
끝내 밤을 만나지 못했는데
두 팔을 벌려 반갑게 맞아주는 것은 아니지만
예외 없이 나를 끌고 들어가는 곳은 어디일까
내가 잃어버린 땅
내게 결코 내어주지 않았던 평온의 돗자리
조롱하듯 펼쳐 보이며 별조차 숨겨버린다

산책길 끝에 밤이 있었다
나를 기다리고 있었다라고 해도 좋다
말라버린 해바라기들이 쓸쓸하게 웃고 있었다
풀숲에서 잠들지 않은 새들이 날개를 뒤척거렸다
별들도 덩달아 뒤척거렸다
밤의 마음에 얼굴을 묻고
내게 허락되지 않았던 상자들을 헤집어 본다

상자들, 밤하늘로 두둥실 날아오를 때
멀리멀리 작은 점으로 사라질 때
밤의 끝에서 누구의 이름을 불러야 하나
발부리에 걸리는 풀뿌리는
누구의 마음인가

먼지가 흩날리는 집

식탁 위에 파도가 일렁인다
저녁이 창문을 두들긴 탓이다
밤에는 잠을 이루지 못하고
서랍장에 넣어둔 생각들을 꺼내든다
무슨 생각이지 생각은 어디로 가는 거지
내가 갈아타야 할 생각은 어떤 거지
자정이 지나면 모든 생각들이 벌떡 일어날 테고
천장은 소리 없이 쿵쾅거리겠지
자정이 지난 시간의 이 집을 좋아하지 않을 수가 없어
잠에서 깨어나야지
나는 잠자리채를 들고 뒤엉킨 날개들을 잡아채려고 뛰어다니지
내 양말은 어디에 있지
어제 침대에서 세상을 떠난 이는 누구지
어제 침대에서 태어난 이는 누구지
선반에 놓인 인형들은 누구의 뼈로 만든 거야
뼈는 너무 많고 의자도 너무 많고 실타래도 너무 많다
양말에게 말했지 너무 많은 양말이 있었지만

싸리 가지로 만든, 개울을 건너 풀숲을 지나온 바람을 섞은 양말
 나뭇가지에 걸쳐 놓아도 당당하게 텅 비어 있는
 그리곤 다시 알맞은 바람이 불어오기를 기다리는
 생각이 발길질을 할 때마다 먼지는 방 안을 가득 채우고
 양말은 가뿐한 발걸음으로 길거리를 내달리지
 서랍장의 뒤엉킨 생각들은 안장을 들썩이며 발걸음을 재촉하지
 자정이 지난 이 집을 사랑하지 않을 수가 없어
 먼지가 흩날리는 이 집을

끝내 못다 한 이야기

다시 그의 이야기를 해야만 한다
그는 바오바브나무 속으로 들어간 것 같다
아니면 벽돌을 쌓아 만든 집에
온종일 바람이 들락거리며 그림을 그려대는
원주민의 무덤으로 향하는 발소리를
내가 들은 것일까

나무들 사이로 아침 햇빛이 새어들고 있다
햇살에 번들거리는 나무의 이마에
외로움이 어른거린다
그의 코트 주머니에 들어 있는 빛의 조각들
별빛 속으로 사라져버린 모든 것을
손바닥에 놓아본다

나무에 매달린 낱말을 갉아먹는 허기가 있을까
언제나 연기가 되어버리는 순간들
그 순간들이 모여서 우리를 강가로 데려간다
강에 도착하기도 전에

다른 길로 접어들어서
우리는 신발을 잃어버리고 허둥대기만 한다

바오바브나무에 걸린 모자는 두고 왔네

 내가 그리워하던 이는 이미 없었고 그의 모자만 덩그러니 놓여 있더군 바오바브나무에 걸려 햇볕에 익어가는 모자는 두고 왔다네 힘들게 마다가스카르 가는 비행기를 탈 수 있었네 거리마다 넘쳐나는 온갖 불편함과 찌꺼기들을 책꽂이에 죄다 욱여넣고 구름을 집어 타고 날아가려는 내 마음을 친구는 신도림역 계단에서 운동화로 꾹꾹 밟아대었지 먼지가 풀풀 고개를 쳐드는 책장에서 쉰 목소리들이 터져 나오더군 밤새도록 소리를 질러댔지 나는 방 안을 서성이며 또 다른 방안을 찾고 있었어

 안치라베에서 그를 찾으면 세상의 답에 가까이 갈 수 있으려나 안치라베의 뒷골목 시장을 남대문시장마냥 샅샅이 돌아다녔지 책들도 제 기분을 숨기지 않더군 친구 못지않게 위태롭게 팔을 휘두르며 나를 위협했지 나는 어디에도 있을 수 없었어 방 안에도 도서관에도 전철 안에도… 시장통에 묶여 있는 물소의 뿔이 창이 되어 내 머리를 쿡쿡 찌르더군 하나의 생각에만 묶여 헝클어진 실타래를 풀지 못하는 나를 물소는 음울하게 바라보더군 시장은 발길로 넘쳐나고 표정을 읽을

수 없는 온갖 얼굴들이 구름처럼 흘러가더군 철망 속에 얌전히 잠들어 있는 토끼들이 오히려 위안이 되더군 책들이 외쳐대는 비장한 소리들은 비애처럼 온 방에 흘러내렸지 물구덩이를 첨벙거리며 돌아다녔어 결국 구름을 집어 타고 마다가스카르에 도착했어

 해변에는 그의 그림자도 보이지 않더군 풀숲을 걸어가는데 뱀이 길을 막더군 산책길에 뱀을 만나다니 마다가스카르는 지금 겨울인데 해변에 뱀이 돌아다니고 여름을 벗어난 이곳에서 집을 찾아 헤매다니고 바다 건너 모잠비크까지 헤엄쳐 가볼까 모래에 찍힌 그의 발자국을 찾아보았지 바람에 파도에 밀려 찾을 수 없었네 처음부터 찾을 마음이 없었던 것이네

파타고니아의 바람일까

어제는 새벽에 잠이 깨어
어둠 속에 놀이터를 서성거렸다
숨죽인 그네를 잠시 흔들었다
차가운 고요가 내려앉은 팔다리가 흔들거렸다
그 전날 새벽에도 서성거린 발걸음이
긴 의자에 그늘져 있었다
파타고니아의 바람일까
자꾸 불러내는 것이
호명에 끌려 나오는 것이
수백 년 전 별의 기억까지 남아 있어
버석거리는 잎에
그대로 몸을 뒹굴었다
미소를 날리고 슬픔을 흩뿌리던 기억 기억들
아득한 그날들이 허공으로 날아가는데
파타고니아의 바람일까
새벽을 깨우는 어스름이 잠시 흔들렸다

비린내와 달콤함 사이

어제는 빗속을 돌아다녔어
미친 듯이 물웅덩이를 첨벙거리며
물을 힘껏 차기도 했지
물방울이 하늘까지 날아갔을까
빗물 냄새와 풀 향기가 섞여서
거리에서 우왕좌왕 나는 갈 길을 잃었어
나뭇잎들과 붉은 꽃송이들이
사정없이 때리는 빗물에
목을 꺾고 있었어
그 맹렬함에 두 손을 놓고 있었지
풀 향기는 전혀 달콤하지 않았어
빗물 냄새는 혼탁하고 비린내를 풍기며
나뭇가지를 꺾고 있었지
꺾인 가지에서 흰 연기가 피어올랐어
부러진 가지를 난 위로할 수 없었어
단지 웅덩이에서 물을 첨벙거리고 있었지
비린내와 달콤함 사이에서
정신을 잃고 있었지

단풍나무의 숨바꼭질

단풍나무의 방문 앞에 이르면
문을 왈칵 열 수 있을까
끝없이 토해내는 붉은 울음 때문에
분명 꽃의 슬픔을 한 사발 마신 게지
아니면 맹렬하게 짖어대는 새벽 세 시의 아픔이라든가
서로 어울리지 못하는 꽃송이와 돌멩이의 둔탁함에서 오는 혼란이라든가
붉은 울음은 야멸차게 차가운 공기를 내리친다
허공에 부서지는 힘은 별들에게 전달된다
대체 어떤 비통함에서 붉은 울음이 밤새도록 피어나는 것인가
어찌 나무는 두 발을 모두 묻고
방울방울 토해낸 울음을 등불로 변하게 하는 것인가
마당을 거닐면 어디선가 끝없이 부스럭대는 소리
그리고 달콤함과 출렁이는 물결
잠 속으로 퍼져나가는 설렘과 비통함이 어우러진 물거품
울음은 겹겹이 쌓여서 거대한 성을 이루는구나
단풍나무의 방문 앞에 이르면

문을 왈칵 열 수 있을까
끝없이 토해내는 붉은 울음 때문에

전화를 끊고 난 후

어제는
전화를 받고 나서
밖으로 나갔지
안개가 몰려와 앞을 볼 수 없었어
계단까지 밀고 올라와
발을 헛딛었지
안개 속의 나무는
병에 걸린 듯 신음을 하고
나도 결국 그 옆에 신음을 하며 누웠어
잎새들이 나를 흔들고
바람이 등을 떠밀었어
안개가 켜놓은 등불을 따스하게 감싸 안았지
안개 속에서 나는 보았어
기다리던 날들은 오지 않는다는 걸
우린 아무 데도 도달하지 못한다는 걸
도착하는 순간
길은 없어져 버린다는 걸
그런데도 안개 속에 주저앉아서

집 나간 아이라도 기다리는 듯이
네가 문을 두드리길 기다리고 있었지
욕지거리라도 크게 내면서
문을 박차고 들어오길 기대하면서

목요일에서 조금 떨어져

내내 술렁거리던 나뭇잎들
느티나무에 머물던 햇빛이 떠나고 있다
나뭇잎 하나가 파드닥거리니
열 개의 나뭇잎이 일제히 날아오른다
소리를 지르며
슬픔의 줄기를 잡아
한나절 내내 끌어당겨도
어디서 오는 것인지 끝을 알 수 없다
기진맥진 줄기를 붙잡고
팔다리를 흔든다
아무리 흔들어도 어디서 오는 것인지
나무들이 커다랗게 물결을 철썩이는데
바닥에 내리치는 파도 소리는
귀 기울여 듣지 않아도
주전자의 절망이 끓어 넘치는
소리를 지르며
나는 우글거리는 절망을 하나씩 꺼내어
함께 살까

배부르지 않아도
함께 살까

하나의 망초

바구니에 넣어두었던 상처를 다 기억하고
종종 다른 상처와 뒤섞여 우왕좌왕하기도 하고
굳은살로 변한 흉터를 뒤집어보기도 하고
나는 어찌 된 일인지 진정하지 못하고
근처의 술집을 찾아다니고 있다
가능한 한 바구니를 피해야 하는 것이다

언덕 위에 앉아 햇볕에 익어갔다
가슴에서 커다란 나무가 한 그루 솟아났다
그렇게 뜨거운 언덕의 화를 씻어냈다
모래언덕이 무너져 냇물 속으로 잠기고 있다
볕 좋은 날에 엄마와 딸이 이불 홑청을 물결치게 하고
가난을 품고 호박이 둥글게 익어가던 집은
지금은 여름을 찾아 다 떠나버리고
뒷마당에 남아 있는 것은 불안한 절벽뿐이다
망초로 뒤덮인 길에서 문득 바구니를 집어들고
그 너머로 비탈진 절벽을 마주한다
망초에 드리워진 여름 그림자는

창문을 내내 두들기다가
호박잎에 잠시 몸을 누인다

바구니의 하얀 망초 사이로 상처는 익어가고
흉터는 몸을 뒤척이다가 냇물을 향해 달려가고
하나의 망초에서 걸어 나오는 걸음을
호박잎이 흘낏 눈길을 주었다

감자꽃은 떨어지고

바람이 불지 않았는데도
떨어지는 감자꽃을 붙잡을 수가 없다
자주 꽃은 기억에도 없다는 듯 흙 밑으로 파고든다
뒤엉킨 풀들은 어둠을 쌓아놓고
텅 빈 혹은 누구도 살지 않는 슬픔의 왕국
풀에 새겨놓은 향기는 왕국을 맴돌고
향기는 비문이 되고
우리는 조용한 해안에 도달하고자 한다
해안에는 무엇이 있을까
감자꽃이 툭 공허가 되어 떨어진다
난 하얀 공허를 두 손에 받아든다
파도의 비문에는 아무것도 없는 걸까
망초가 명왕성보다 더 멀게 손을 내민다
하얀 꽃잎에서 슬픔에 대한 기억을 찾을 수가 없다
이랑을 따라 슬픔의 지도를 그려본다
감자꽃이 이야기가 되고 이야기는 다시 먼 이야기가 되고
조용한 해안에 맨발로 서 있는
치맛자락에 비문을 수놓았던 엄마의 오래전 이야기

풀숲에 바닥 모를 어둠을 파고 있다
호박까지 깊게 동굴을 파고 있다
슬픔의 왕국이 어둠을 잃지 않으려고 손을 뻗는다
감자꽃은 떨어지고
나는 공허를 받아든다

세상 끝이 뭐 어디 가겠습니까

세상 끝에 가 보셨나요
나에겐 저 식탁의 끝이 세상 끝입니다
몇 가지 반찬만으론 다 채울 수 없는 평면의 바다는
공포 그 자체입니다
식탁 위에 구름이 떠돕니다
구수한 찌개 냄새에 미소 짓던 이들은 모두
저녁 창가를 떠났습니다
신발을 신고 식탁에 앉아 있었군요
어디에 있나 둘러봐도 소용이 없습니다
세상 끝을 벗어나고자 한다면
배고픔 따윈 잊어버려야 합니다
신발도 내 것이고 여행도 내 것이고 구름도 내 것입니다
이제 달빛을 담을 가방을 준비해야 할까요
창밖을 배회하는 신발이 어둠 속에서 재촉을 합니다
푸르스름한 달빛이 손님이 되어 방문합니다
식탁은 잠들어 있고 어느새 신발도 조용합니다
어딘가로 달려가긴 가야 하는데
식탁도 구름도 신발도 도움이 안 됩니다

그런다고 식탁에 깔려 있는 허기가
내 손을 벗어나겠습니까
세상 끝이 뭐 어디 가겠습니까

밤의 인사

밤새도록 산책을 할 수도 있었어
그 길이 나의 길이려니 하고
어깨에 흘러내리는 피를 혀로 핥으며
밤늦도록 천변을 돌아다녔지
검은 물속에서 잉어가 안부를 묻고
물풀은 살랑거리며 인사를 했지
그게 누구의 인사였던가
걷다 보니 길이 아파서, 발등까지 피로 덮여서
길 끝에 닿지 않아서
발걸음은 나무를 타고 하늘까지 가려 했네
별이 있었던가, 길가의 돌멩이가 반짝거렸어
나는 밤의 끝까지 갈 수 있었어
그 길이 나의 길이려니 하고서
팔에도 흘러내리는 피를 혀로 핥으며
지난봄 죽은 잉어가 불쑥 손을 내밀었어
내 얼굴을 쓰다듬었지
그렇게 나는 허공을 걷고 있었어

해설

존재의 근원을 찾아가는 시적 산책
— 안혜경 시집 『왼편에 대한 탐구』 읽기

오민석(시인·문학평론가)

1.

하이데거(M. Heidegger)의 후기 사상을 잘 보여주는 책으로 『숲길*Holzwege*』이 있다. 이 책에서 그는 다음과 같이 말한다. "수풀(Holz)은 숲(Wald)를 지칭하던 옛 이름이다. 숲에는 대개 풀이 무성히 자라나 더 이상 걸어갈 수 없는 곳에서 갑자기 끝나버리는 길들이 있다. 그런 길들을 숲길(Holzwege)이라고 부른다." 『숲길』의 영문판 제목은 Off the Beaten Track이다. 말하자면 '사람들이 자주 다니지 않은 길'이란 뜻이다. 그 길은 누구나 알고 있고 '많은 사람이 지나다녀 만들어진 길(beaten track)'이 아니다. 그 길은 일상의 비본래적인 속성을 깨닫고 본래적인 존재로 가는 길, 다른 말로 하면 존재의 근원을 찾아가는 외딴길이다. 그렇다면 '근원'이란 무엇인가. 하이데거에게 근원이란 "그것으로부터 그리고 그것을 통하여 사태가 사태 자신의 본질(Was-sein, 무엇임)과 그 자신의 방식(Wie-sein, 어떠함)으로 존재하게 되는 그런 것"(『숲길』)을 말한다.

안혜경의 시집은 '산책 시편'이라는 부제를 붙여도 좋을 만큼 "산책"이라는 단어를 자주 사용한다. 산책이라는 단어가 어울리지 않는 곳에서는 '걷다', '길을 가다', '돌아다니다', '내달리다' 등처럼 산책을 의미하는 유사어들이 자주 반복된다. 그녀는 걷고, 길을 가고, 돌아다니며 존재의 '무엇임'과 '어떠함'에 대하여 사유한다. 그녀의 길은 편하고 흔한 길이 아니며, 하이데거의 숲길처럼 "더 이상 걸어갈 수 없는 곳에서 갑자기 끝나버리는 길들"이기도 하다. 그 길은 비본래적인 일상에서 시작되며, 본래적인 존재를 찾아가는 과정에 있고, 종종 사라짐으로써 주체를 혼돈에 빠지게 한다.

> 저녁 햇빛이 비스듬히 나무를 안았다 나무도 그날의 수고로움을 발밑에 내려놓았다 찬바람 쌩쌩 골목을 휘도는데 꽁꽁 싸매고 산책을 나갔다 마른 풀들도 추위에 발을 모으고 도로에는 흙먼지가 풀풀 날렸다 오리 떼조차 수초 사이에 숨었는지 풀들이 바스락거렸다 검정 비닐봉지만이 머리를 쳐든 뱀처럼 바람에 흔들렸다 풀숲에 뻣뻣하게

누운 고양이를 끝내 묻어주지 못했다 발걸음은 후들거렸다 왼쪽 길인지 오른쪽 길인지 돌다리를 건너야 하는지 돌아서야 하는지 갈피를 잡지 못했다 그 순간 얼음기둥이 되었다 칼바람이 나를 북극으로 데려갔다

—「한파」 전문

  이 시에서 존재의 근원을 찾아가는 화자의 산책길은 한치의 생명성도 허락하지 않는다. 모든 것은 한파에 꽁꽁 얼어붙어 있고, 풀들은 바짝 말랐으며, 오리 떼들도 사라지고 없다. "검정 비닐봉지만이 머리를 쳐든 뱀처럼 바람에 흔들"리는 공간에서 화자의 "발걸음은 후들거"린다. 화자는 이 삭막한 얼음의 공간에서 어디로 가야 하는지 "갈피를 잡지 못했다"고 고백한다. 그러나 가만히 들여다보면 그는 이미 본래적인 존재로 돌아가고 있다. 비본래적인 존재는 죽음을 망각하고 결핍을 못 느낀다. 화자는 모든 것이 결핍인 세계를 이미 의식하고 있고, "풀숲에 뻣뻣하게 누운 고양이를 끝내 묻어주지 못했"지만, 죽음을 의식하고 있으며 죽음에 대한 사유 안으로 이미 들어와 있다. 화자는 비본래적인 실존이 은폐하는 것들을 탈은폐하여 본래적인 존재를 목격하기 직전의 상태에 이미 도달해 있다. 안혜경의 시들은 이렇게 존재의 근원에 다가가 존재–물음을 던지는 현존재의 모습을 보여준다. 그녀가 존재의 근원에 대하여 물을 때, 그것의 시간적인 배경은 대부

분 저녁이거나 밤이다. 이 작품에서도 그녀의 산책이 시작되는 시점은 "저녁 햇빛이 비스듬히 나무를" 안을 때이다. 저녁은 어두움으로 가는 시간이고 밤은 이미 어두워진 시간이다. 어두운 시간은 무지의 시간이고, 길을 잃은 시간이며, 길이 보이지 않는 시간이다. 이런 점에서 안혜경의 질문은 잘 보이지 않은 근원에 대한 암중모색의 처절한 과정에서 나온다고 할 수 있다.

> 저녁 언저리에 산책을 나갔다 냇물은 꽝꽝 얼어서 오리 가족은 보이지 않았다 새끼 오리는 늘 추위에 떨어 장화도 신기고 털옷도 입히고 싶었는데 엷게 물든 구름 그림자만 얼음을 두들겼다 지난봄 화들짝 피었던 갯버들이 귓가에서 아우성치는데 돌아보니 모두 가지가 잘려 묶여 있었다 햇볕 넘치는 물가에서 늘 웃음을 터뜨리고 있었는데 누군가 햇볕을 퍼담아 뒷담으로 넘겼을까 물속에 처진 커튼을 걷어버리고 싶었다 오리 가족의 소식도 물어보고 소금쟁이 피라미도 궁금하였다 다 함께 땅에 발붙이고 사는데 갯버들의 손도 잡아주고 소금쟁이 발에 걸린 검불도 집어내고 잉어의 허리도 시원하게 긁어주고 싶었다 저녁 언저리에 산책을 나갔다 붉은빛에 물든 구름 그림자를 따라 손도 얼굴도 신발도 엷게 물들었다 양지바른 곳을 아무리 걸어도 어디에도 도달하지 않았다

—「아무리 걸어도 저녁」 전문

  이 작품에서도 시인의 산책은 "저녁 언저리"에 이루어진다. "아무리 걸어도 저녁"이라는 제목은 시간의 멈춤을 말하는 것이 아니라, 존재의 근원이 보이지 않는 시간의 지속을 의미한다. "양지바른 곳을 아무리 걸어도 어디에도 도달하지 않았다"는 구절이 이를 증명한다. 하이데거의 '숲길'처럼 시인의 산책길에서도 길은 자주 끊기고 사라진다. 그래서 모든 것이 막막한 순간에 비로소 시인은 비본래적인 것에서 본래적인 것으로의 사유를 시작한다. "갯버들의 손도 잡아주고 소금쟁이 발에 걸린 검불도 집어내고 잉어의 허리도 시원하게 긁어주"는 자아야말로 존재의 근원에 가닿아 있는 주체이다. 그러나 주체가 비본래적인 상태에 있을 때, 이런 것들은 보이지도 잡히지도 않는다. 시인의 산책길은 이렇게 은폐된 근원을 탈은폐화하는 길이다.

2.

  저녁은 해가 지며 "세상의 온도가 가라앉는 시간"(F. 헤겔)이다. 저녁은 일어난 일을 돌이키는 시간이고 더욱 짙은 어둠 혹은 미래로 들어가는 시간이다. 헤겔의 말대로 "철학은 자신의 잿빛을 잿빛으로 칠할 때, 성숙한 생의 모습을 갖게 된다.

미네르바의 부엉이는 오로지 황혼 녘에야 날아오른다." 지혜는 정리의 시간에 오고, 보이지 않는 미래로 날아오를 때 생긴다. 안혜경의 시에선 저녁에서 어둠 사이의 시간에 날아오르는 부엉이의 날갯소리가 들린다. 그 소리는 회상의 소리이면서 더 큰 지혜를 위하여 무지의 암흑으로 들어가는 소리이기도 하다.

> 저녁의 슬픔을 잘라내어 다듬었지
> 그리곤 집을 지었네
> 집 속의 집에 갇힌 나는 하루하루 시들어 갔네
> 천변을 따라 어둠에 이르면 느티나무가 기다리고 있었지
> 나무의 비탈진 길 아래에는 바람이 쌓이고 쌓여
> 발걸음은 어디에서인지 허둥거리며
> 흙먼지 사이에서 움트는 나무의 생각을 북돋아주네
> 칡넝쿨은 그림자를 만들어 나무를 뒤덮고
> 몰려오는 바람을 햇빛과 함께 감싸 안으며
> 늙은 배나무의 숨결을 흔들어대네
> 어둠이 한 차례 어깨를 흔들고
> 저녁을 위해 준비해 놓은 하얀 식탁보가 흔들리네
> 누구를 위해 차려놓은 식탁인가
> 하얀 냅킨이 어둠에 팔랑 날아오르네
> 칡넝쿨 위로 날아가

흙먼지 사이에서 나무와 왁자하게 떠들어대네

분명 늙은 배나무의 수다

천변을 따라 어둠에 이르러

저녁의 슬픔을 잘라내어 벽돌로 다듬었네

그리곤 집을 지었네

―「저녁의 슬픔」전문

  시인에게 저녁은 "슬픔"의 색깔을 하고 있다. 철학이 자신의 잿빛을 잿빛으로 칠할 때 더욱 성숙해지는 것처럼, 시인은 어두워 가는 "저녁의 슬픔을 잘라내서" 사유의 "집"을 짓는다. 그 집은 사유의 시작이면서 동시에 어둠으로 들어가는 길이다. 이 길 안에서 화자는 "하루하루 시들어" 가는 자신을 본다. 지혜는 쉽게 오지 않기 때문이다. 시인은 "허둥거리며" 헤맨다. 그러나 바로 그 어둠 속에서 "움트는 나무의 생각"을 만난다. "어둠에 이르면 느티나무가 기다리고 있었"다는 대목은 사라진 길에서 다시 나타나는 새로운 길의 희뿌연 윤곽을 보여준다. 이렇게 "어둠이 한 차례 어깨를 흔들고" 지나갈 때야말로 지혜의 부엉이가 날아오르는 시간이다. "하얀 냅킨이 어둠에 팔랑 날아오"르는 장면이야말로 어둠과 극명하게 대비되는 지혜의 빛나는 순간을 보여준다. "늙은 배나무"는 잿빛으로 덧칠해져 저녁이 된 사유, 시간에 시간을 덧대고 더 어두워져 마침내 지혜의 새들을 날려 보내는 플랫폼이다.

> 공양을 올릴 아무것도 없는데
> 심장이라도 꺼내야 하나요
> 팔다리는 이미 잘려나가 달빛이 되었고
> 건너편 언덕에 앉아 있는 어둠은 그늘을 병풍으로 걸어
> 놓았어요
> 바람이 세차게 출렁거립니다
> 그늘의 심장을 마구 휘저으니
> 파란 날개를 퍼덕이며 새가 날아오릅니다
>
> 접시 위에 엉겅퀴의 심장이 놓여 있어요
> 포크로 누르고 나이프로 천천히 잘랐어요
> 슬픔이 푸르게 흐르고
> 분노는 덩어리로 굳어 있어요
> ―「기억들, 엉겅퀴의」 부분

이 작품 역시 치열한 사유의 순간을 보여준다. 화자의 "팔다리는 이미 잘려나가" 화자가 사유의 제단에 내어놓을 것은 "심장"밖에 없다. 사유의 배경은 여전히 "어둠"이고 "그늘"이다. 그 "그늘의 심장을 마구 휘저"을 때 "파란 날개를 퍼덕이며 새가 날아"오른다. 섬광처럼 빛나는 이 인지의 순간에 화

자는 푸른 "슬픔"과 오래되어 굳어 있는 "분노"를 읽는다. "엉겅퀴"는 화자가 뚫고 지나온 두텁고 거친 시간("기억들")을 나타낸다. 구체적인 사실들을 생략하고 있지만, 시인을 사유의 어둠으로 몰아넣는 것은 슬픔과 분노의 기억이다. 지혜는 고통의 시간에 섬광처럼 빛나며 어둠 속에서 도래할 미래를 더듬어나간다.

> 대체 어떤 비통함에서 붉은 울음이 밤새도록 피어나는 것인가
> 어찌 나무는 두 발을 모두 묻고
> 방울방울 토해낸 울음을 등불로 변하게 하는 것인가
> 마당을 거닐면 어디선가 끝없이 부스럭대는 소리
> 그리고 달콤함과 출렁이는 물결
> 잠 속으로 퍼져나가는 설렘과 비통함이 어우러진 물거품
> 울음은 겹겹이 쌓여서 거대한 성을 이루는구나
> 단풍나무의 방문 앞에 이르면
> 문을 왈칵 열 수 있을까
> 끝없이 토해내는 붉은 울음 때문에
> ―「단풍나무의 숨바꼭질」부분

지혜는 축적된 시간이 없이 오지 않는다. 지혜는 궁핍과 아

품의 시간을 거쳐서 온다. "비통함"과 "붉은 울음"은 밤의 시간에 지혜의 돋음대(플랫폼)에서 "등불"로 켜진다. 이런 점에서 울음이 지혜의 등불이 되는 시간은 "설렘과 비통함"이 동시에 존재하는 시간이다. 겹겹이 쌓인 울음이 지혜의 "거대한 성"을 이룬다. "단풍나무"는 붉은 울음이 켜켜이 쌓여 이룬 지혜의 붉은 덩어리이다. 그 나무의 "문을 왈칵" 여는 순간에 지혜의 붉은 등불들이 쏟아져 내린다. 단풍나무는 울음과 지혜의 겉골과 안골이다. "단풍나무의 숨바꼭질"은 어둠 속에서 시인이 "밤새도록" 벌이는 존재 물음과 대답, 은폐와 탈은폐의 사유-놀이이다.

3.

존재의 근원을 찾아가는 사유-놀이는 세계의 대척점들 사이를 왕복 운동한다. 근원은 정해진 곳이 없고 주체는 근원의 움직임을 좇아 움직인다. 시인에게는 이 움직임이 바로 시적 산책이다. 경계가 사라지는 즈음의 시간(저녁, 밤)에 대척점들은 서로 섞인다. 앞에 인용한 시에서 보았듯이 울음과 지혜는 동시에 존재하며 존재의 겉과 안을 이룬다. 이 시집의 표제작이기도 한 다음 작품은 어둠 속에서 일어나는 지혜의 숨바꼭질을 잘 보여준다.

왼편에 있던 슬픔을 오른편으로 옮겨놓았다
모든 게 더 슬퍼 보였다
얼굴빛은 밝은 회색인데 눈빛은 파르스름하고
목소리도 들리지 않는데 입김을 뿜어낸다
오른편 책장 뒤에 장난감 병정들은 일렬로 걸어가지 않고
총을 어깨에 멘 채 일제히 슬픈 표정이다
책장 뒤의 공터에서 병정들은 제자리걸음을 한다
네 번째 선반에서 슬픔은 몸을 돌려 언덕길을 올라간다
슬픔의 뒷모습에 나는 안도의 한숨을 내쉰다
속삭임은 치즈케이크 모양으로 선반에 앉아 있고
그 아래 선반에는 어둠의 가방이 있다
물거품으로 변하는 날들이 칭얼대긴 하지만
현관문에서 늘 음악 소리가 들려왔다
음악 소리는 슬픔과 어둠의 전쟁이었을까
가방을 흘깃 열어보니 비둘기의 날갯죽지
가방 옆 주머니를 열어보니 왜가리 한 마리
다시 오른편의 슬픔을 왼편으로 옮겨놓았다
―「왼편에 대한 탐구」 전문

시인에게 슬픔은 본래적인 존재의 속성이다. 슬픔을 모르는 자는 비본래적인 세계에 빠져 존재의 근원을 보지 못한다.

화자는 슬픔을 왼쪽에서 오른쪽으로, 다시 오른쪽에서 왼쪽으로 옮겨가며 세계의 속내를 헤아려본다. 시인은 이런 사유-놀이를 통하여 비로소 "슬픔의 뒷모습"을 본다. 앞과 뒤, 왼쪽과 오른쪽의 경계가 무너지는 어둠의 시간("어둠의 가방")에 존재의 근원이 드러난다. 어둠의 가방에는 어둠만 있는 것이 아니라 "슬픔과 어둠의 전쟁"을 넘어 빛을 향해 날아오르는 "날갯죽지"가 있다.

> 풀들의 심장이 뛰는 소리를 듣고 있으면
> 운동화 밑바닥에서 부식되던 희망이 떨리곤 했지
> 그러면 저녁이 밀려왔어
> 그 속에서는 밤의 향내가 났지
> 난 언제나 그대로 밤 속으로 들어갔어
> 그리곤 내달렸지
>
> 달빛이 춤추는 듬성듬성 서 있는 참나무 숲을 지나면
> 쏟아지는 바람은 머리부터 발끝까지 뒤흔들고는
> 발목에 걸린 밧줄을 걷어버리곤 했지
> 그러면 천둥이 보일까
> 밤을 내달리곤 했지
>
> ―「천둥을 찾아」부분

존재 물음을 하는 시인의 동선은 늘 생명성을 향해 있다. 어둠은 빛나는 생명성의 세계로 가기 위한 불가피한 통로이다. 시인은 기꺼이 어둠으로 들어가고, 어둠 속을 내달리며, "천둥"이 울리는 시간을 기다린다. "그러면 천둥이 보일까"라는 시인의 질문은 청각의 지평을 시각의 지평으로 바꾸면서 천둥소리를 번개의 빛으로 치환한다. 시인은 어둠으로 들어가기도 전에 이미 "풀들의 심장이 뛰는 소리"를 듣는다. 그 소리는 아직 실현되지 않은 천둥소리의 시적 계시이다.

> 내일 필 매화에게
> 말을 건네는 것은 쉽지 않다
> 매화의 내부에 들어갈 수도 없고
> 길을 찾을 수도 없다
> 쓸모없는 감정은 잘라버리고
> 까마귀가 외투를 훔쳐 가는데도
> 소리칠 수가 없다
> 모두가 훔쳐 가고 있다
> 겨울은 봄을 염소는 기타를
> 바람은 사랑을 훔쳐 가고 있다
> 오리는 물속에도 먹을 게 없다고 아우성이다
> 매화의 내부에 들어갈 수 있을까
> 내게 필요한 것은 뭘까, 뭘까

오리 떼를 따라 물속을 첨벙거려 본다
길이 보이지 않는다
매화에게 다다르는 길
매화의 내부가 정말 그리워
가끔 물속에 머리를 처박고 소리를 지른다
페루의 공기가 필요하다고
마추픽추의 공기가 필요하다고
내일이 오면 어떻게 될까
매화의 충고를 들을 수 있을까

―「내일이 오면」 전문

 이 시집에서 느티나무, 단풍나무 등의 나무들이 지혜의 새가 날아오르는 돋음대를 상징한다면, 꽃은 그런 나무의 끝에서 피어오르는 희망의 정점을 나타낸다. 슬픔과 울음은 어둠에서 꽃의 지혜로 이르는 길들의 배경이다. 이 작품 외에도 이 시집의 여러 시편에서 매화와 벚꽃, 그리고 붓꽃 등이 등장한다. 이 모든 꽃은 어둠의 끝에서 피어나는 희망의 상징이고, 울음의 종점에서 울려 퍼지는 생명의 상징이다. 평생을 가난과 절망 속에서 보낸 빈센트 반 고흐가 〈꽃 피는 아몬드 나무〉에서 밝고 푸른 배경(빈센트 블루)에서 빛나는 희망의 흰 꽃들을 보여주었듯이, 안혜경은 슬픔과 울음의 어두운 통로 끝에서 희뿌옇게 동터올 희망의 순간을 꿈꾼다. 그녀가 시적 산책을 통하여 존재의 근원을 탐구하는 것은 궁극적으로 그런 희망의 내부("매화의 내부")에 들어가기 위해서이다.

시인동네 시인선 212

왼편에 대한 탐구

ⓒ 안혜경

초판 1쇄 인쇄	2023년 8월 24일
초판 1쇄 발행	2023년 8월 31일
지은이	안혜경
펴낸이	김석봉
디자인	헤이존
펴낸곳	문학의전당
출판등록	제448-251002012000043호
주소	충북 단양군 적성면 도곡파랑로 178
전화	043-421-1977
전자우편	sbpoem@naver.com

ISBN 979-11-5896-606-5 03810

*이 책의 판권은 지은이와 문학의전당에 있습니다.
*양측의 서면 동의 없는 무단 전재 및 복제를 금합니다.
*잘못 만들어진 책은 바꿔드립니다.